Marlena Biadala

Der Begriff des Demokratiedefizites in der EU und seine Quellen

GRIN - Verlag für akademische Texte

Der GRIN Verlag mit Sitz in München hat sich seit der Gründung im Jahr 1998 auf die Veröffentlichung akademischer Texte spezialisiert.

Die Verlagswebseite www.grin.com ist für Studenten, Hochschullehrer und andere Akademiker die ideale Plattform, ihre Fachtexte, Studienarbeiten, Abschlussarbeiten oder Dissertationen einem breiten Publikum zu präsentieren.

Dokument Nr. V128013 aus dem GRIN Verlagsprogramm

Marlena Biadala

# Der Begriff des Demokratiedefizites in der EU und seine Quellen

GRIN Verlag

Bibliografische Information der Deutschen Nationalbibliothek: Die Deutsche Bibliothek
verzeichnet diese Publikation in der Deutschen Nationalbibliografie; detaillierte bibliografische Daten sind im Internet über http://dnb.d-nb.de/ abrufbar.


1. Auflage 2008
Copyright © 2008 GRIN Verlag
http://www.grin.com/
Druck und Bindung: Books on Demand GmbH, Norderstedt Germany
ISBN 978-3-640-33837-5

EUROPA- UNIVERSITÄT VIADRINA
FRANKFURT (ODER)

Neue Formen des Regierens:
Verständigungsorientierung in der internationalen Politik
SS 2008

# Der Begriff des Demokratiedefizites in der EU
# und seine Quellen

Marlena Biadała

Master of Arts in European Studies/ 2. Semester
GM2: Politik der europäischen Integration

# Inhaltsverzeichnis:

# 1 Einleitung

Ich, als Polin, kann mich immer noch daran erinnern, dass ich immer davon geträumt habe, dass Polen endlich zur Europäischen Union gehören würde. Mir war nicht immer klar warum, aber fast jeder dachte daran wann es endlich dazu kommen würde? Als es schließlich 2004 soweit war, atmeten wir mit Erleichterung auf- wir gehören jetzt zur tollen Europäischen Union und uns wird es jetzt viel besser gehen.

Vier Jahre nach dem Beitritt Polens zur Union freut sich darüber vielleicht nur noch die Hälfte. Viele sind aus verschiedenen Gründen enttäuscht. Man kann natürlich nicht verallgemeinern und sagen, dass die Union daran schuld ist- nein, wir sind auch schuld, denn wir bemühen uns auch nicht genug, damit es uns besser geht. Aber Polen ist nicht das einzige Land, das immer skeptischer der Europäischen Union gegenüber ist. Die Kompetenzen der EU werden immer umfangreicher, die Zahl der Befürworter immer kleiner- was das Eurobarometer sehr deutlich zeigt. Das haben auch die Regierenden bemerkt und es ist die Idee einer neuen Europäischen Verfassung entstanden. Die Regierungen mancher Länder haben ihr zugestimmt. Das Referendum in Irland allerdings hat gezeigt, dass seine Bürger dagegen sind. Wo liegen die Gründe, dass die Europäer mit ihrer eigenen Institution nicht mehr zufrieden sind?

Seit vielen Jahren wird vom Demokratiedefizit gesprochen. Zur EU gehören zwar demokratische Länder, aber die Union selbst scheint nicht demokratisch genug zu sein. Roman Herzog, der Alt-Bundespräsident fasst die ganze Situation sehr treffend mit folgenden Worten zusammen: „Europa entmachtet uns und unsere Vertreter".

Ziel der vorliegenden Arbeit ist es zu erklären, worin das „Demokratiedefizit" besteht? Deshalb wird zunächst auf den Begriff der „Demokratie" eingegangen. Woher weiß man, dass es der EU an demokratischer Legitimität mangelt? Wo liegen die Ursachen? Anders ausgedrückt: wie muss die Europäische Union aussehen und wie darf sie nicht sein, um ausreichend demokratisch legitimiert zu sein.

## 2  Die Anfänge der heutigen Krise

Damit die Frage nach dem Demokratiedefizit und seinen Ursachen beantwortet werden kann, muss man in die Vergangenheit zurückkehren um die Geschichte und Ursprünge dieses Defizits auszumachen.

Das Ziel der Architekten der europäischen Integration war es, eine gemeinsame, friedliche und sichere Zukunft in Europa zu konstruieren. Ein anderer Grund war die Angst vor dem Kommunismus im Osten Europas. Zu der Europäischen Gemeinschaft hätten diejenigen Staaten gehören können, in denen demokratische Prinzipien eine Vorrangstellung einnahmen. Aber schon in der 1951 gegründeten Europäischen Gemeinschaft für Kohle und Stahl (EGKS) gab man demokratische Prinzipen zugunsten einer effektiven Problemlösung auf. Die Gemeinsame Versammlung sollte zwar die parlamentarische Kontrolle ausüben sollen, ihre Einflüsse wurden aber auf ein Minimum begrenzt. Die gesetzgebende Gewalt wurde vom Ministerrat kontrolliert. Sie stützte sich auf der direkten Legitimation, die aus der nationalen demokratischen Ordnung resultierte, und auf der technokratischen Legitimation. Die Beschlüsse der EGKS sollten schließlich zur wirtschaftlichen Entwicklung der Mitgliedsländer beitragen. In den Debatten um die institutionellen und politischen Strukturen der Gemeinschaft wurde die demokratische Legitimation nicht berührt. Das Demokratiedefizit wurde in der Gemeinschaft sozusagen verankert, denn die Institutionen waren lediglich durch die nationalen demokratischen Entscheidungen legitimiert. Es fehlte eine europäische demokratische Legitimation, die über den Nationalstaat hinausgeht. Im Vordergrund standen die Ergebnisse und nicht die Art und Weise, wie Entscheidungen zu Stande kamen.

Im Verlauf der Entwicklung und dem wachsenden Wohlstand habe die Legitimation vom Volk kommen sollen. 1979 fanden die ersten direkten Wahlen zum Europäischen Parlament statt, was dazu beigetragen hat, dass die Gemeinschaften als demokratisch legitim angesehen wurden. Solange sich die Mitgliedsländer integriert fühlten und die Gemeinschaft indirekt legitim war, hatten die Bürger den Gemeinschaften nichts vorzuwerfen. Bis zum Jahr 1992 sollte ein Gemeinsamer Markt entstehen, das heißt, die Verfahren der Entscheidungsfindung sollten effektiver und flexibler werden. Gleichzeitig folgt daraus, dass die Verfahren demokratischer als bis dahin werden sollten. Die Legitimation der Gewalt der Europäischen Gemeinschaften nahm aber ab, denn die Einflüsse der nationalen Parlamente wurden durch die Einführung von Mehrheitsentscheidungen geschwächt- zu Lasten der Einstimmigkeit in dem Rat. Die Kompetenzerweiterungen des EP, die gemeinsame Flagge und Hymne, die gleichen Muster für die Führerscheine und Pässe hätten das Gefühl des Zusammenseins schaffen sollen. Aber die Bürger der Mitgliedstaaten identifizierten sich mit der EU kaum aufgrund von nicht transparenten und unklaren Strukturen. Die Outputlegitimation, also die Legitimation durch vorteilhafte Ergebnisse, war wichtiger als die *input* Legitimation, also demokratisch legitimierte Prozeduren.

Durch den Maastrichter Vertrag sollte das Europäische Parlament ein nahezu gleichberechtigtes Stimmrecht mit dem Rat bekommen. Wegen verschiedener Vorbehalte, wie z. B. gegen die europäische Staatsbürgerschaft, wurde der Vertrag nicht angenommen, da viele Europäer fürchteten ihre nationale Identität zu verlieren. Die EU war nicht mehr so populär und die Europäische Kommission fühlte sich dazu verpflichtet, die gute Seite der EU zu zeigen- z. B. durch mehr Transparenz und mehr Präsenz in der Öffentlichkeit. Im Rahmen des Vertrages von Amsterdam bekam das EP weitere Kompetenzen. Eurobarometer zeigte aber immer noch die Unzufriedenheit der Europäer mit der EU. Um sowohl die Input- als auch die Outputlegitimation zu erhöhen, wurde eine Gleichberechtigung beider Institutionen angestrebt. In diesem Sinne sollten das EP das „Europa der Bürger" und der Rat das „Europa der Staaten" repräsentieren. Im Vertrag von Nizza wurde endlich die demokratische Legitimation als einer der wichtigsten und Hauptpunkte der EU gesehen. Die EU begann schließlich an ihre Bürger zu denken. Die Regierungschefs optierten für Transparenz, Effektivität, vor allem aber für mehr demokratische Kontrolle. Good Governance und die Beteiligung nationaler Parlamente schienen wichtiger zu sein, als ein europäischer Superstaat. (Klaus, Katarzyna 2004: 53-60)

Die Strukturen der EU haben sich innerhalb von Jahren wesentlich verbessert und die EU nimmt für sich in Anspruch demokratisch zu sein, da ihre Legitimation über die demokratischen Verfahren in den Mitgliedstaaten gewonnen wird. Dennoch wurde das Demokratiedefizit bis heute aber noch nicht beseitigt. (Scholz, Rupert 2008:1f)

# 3 Was ist Demokratiedefizit in der EU?

Der Begriff des „Demokratiedefizits" ist also nicht erst kürzlich entstanden. Er ist tatsächlich so alt, wie die Europäischen Gemeinschaften. Aber erst seit Anfang der 90-er Jahre ist er zum Kernproblem des Regierens in der EU geworden und es wird immer mehr darüber diskutiert. (Auel, Katrin 2003:15) Es gibt sogar Meinungen, nach denen es von dem Demokratiedefizit überhaupt nicht gesprochen werden muss, denn die Legitimität der EU resultiere aus ihrer Legalität. Diese Interpretation hängt davon ab, als was die Europäische Union gesehen wird, also welchen Charakter die EU hat.

## 3.1 Die Europäische Union

Schon seit dem Beginn der Entstehung der EU haben Analytiker Probleme damit, die EU genau zu charakterisieren und zu definieren. Dabei können drei Gruppen unterschieden werden. Manche Autoren vertreten die Meinung, die EU sei eine normale internationale Organisation. Andere wiederum sagen, die EU sei ein Superstaat- bzw. ein Bundesstaat. Die letzte Gruppe ist der Ansicht, die EU sei eine Mischung aus beidem. Da die EU einzigartig ist und es keine weitere solche „Organisation" auf der Welt gibt, ist es schwierig, diese Frage endgültig zu beantworten.

Wäre sie kein Superstaat, und nur eine einfache internationale Organisation, so wäre sie legitim und bräuchte keine weitreichende demokratische Legitimation. Von daher wären die Diskussionen über das Demokratiedefizit nicht begründet. Wäre sie jedoch ein Superstaat, würde man von ihr demokratische Standards verlangen die auch für alle „normalen" Nationalstaaten typisch sind. Wenn diese demokratischen Standards dann nicht beachtet werden, kommt es zu einem Demokratiedefizit. Eine Voraussetzung für die Existenz dieses Superstaates ist ein europäischer *demos*, *ein* europäisches Staatsvolk.

Die dritte Gruppe, die die Meinung vertritt, die EU sei weder ein Superstaat noch eine normale internationale Organisation, kann nicht genau feststellen, was die EU eigentlich ist. Daher kann man auch nur schwer sagen, wie die EU aufgebaut sein soll? Gerd Strohmeier (Strohmeier, Gerd 2007: 24) ist der Ansicht, sie sei kein Staat- also weder ein Superstaat, noch ein Bundesstaat. Sie sei vielmehr ein Staatenbund. Die Staaten, aus denen sie besteht, übertragen ihre Souveränität bzw. ihre Hoheitsrechte auf die Unionsebene, was im Endeffekt dazu führt, dass die EU Staatsgewalt ausübt, ohne selbst ein Staat zu sein. Deshalb wird die Frage nach der Legitimität der EU gestellt. Anders ausgedrückt richten sich die Rechtsnormen, die von der Union ausgehen nicht nur an ihre Mitgliedsstaaten sondern auch direkt an die europäischen Bürger. Da also die EU-Bürger von den Rechtsnormen betroffen sind, müssen die Gesetze auch von ihnen konstruiert werden. (Celiński, Artur 1-2; Strohmeier, Gerd 2007: 24)

## 3.2 Der Demokratiebegriff

Um das Problem des Demokratiedefizits zu verstehen, muss zunächst auch erklärt werden, was unter Demokratie zu verstehen ist. Warum ist Demokratie so erstrebenswert, dass sie zu einem der Hauptziele der EU wurde?

Der Begriff stammt aus dem Griechischen und ist die Zusammensetzung der Wörter *kratos,* was „Herrschaft" bedeutet, und *demos, was* das „Volk" bezeichnet. Unter Demokratie ist als eine Herrschaft des Volkes zu verstehen. Demokratie unterscheidet sich von der Monarchie und der Oligarchie, wo die Macht von einer Einzelperson, dem Monarchen, oder einzelner weniger ausgeübt wird. Demokratie ist mehr als lediglich eine Regierungsform, denn: „sie ist eine Ordnung von politischen Werten, wie u.a. Freiheit, Gleichheit, Beachtung der Menschenrechte, Pluralismus und Toleranz." (Klaus, Katarzyna 2004: 62)

Im engeren Sinne bezieht sich Demokratie auf die Institutionen und Mechanismen, die der Ausübung der politischen Macht dienen. Es sind dabei einige Prinzipien zu beachten: Erstens das Prinzip Repräsentativitätsprinzip - d.h. es besteht die Pflicht, die Repräsentanten des Volkes in direkten allgemeinen Wahlen zu bestimmen. Das zweite Prinzip besagt, dass die zyklisch organisierten Wahlen die Hauptquellen für die Legitimität der Regierenden sind. Das dritte Prinzip verlangt, dass sich herrschenden Organe gegenseitig kontrollieren können. Die Regierenden sind gegenüber dem Volk verantwortlich. Alle Entscheidungen werden durch die Mehrheitswahl getroffen. (Klaus, Katarzyna 2004: 62)

Damit also ein System als demokratisch gelten kann, muss die Herrschaft vom Volk durch allgemeine und freie Wahlen ausgehen. Nur so kann das System legitimiert sein. (Januschkowetz, Elisabeth 2003:127f)

## 3.3 Der Begriff des „Defizits"

Das Wort „Defizit" kommt aus dem Lateinischen. „Deficit" bedeutet so viel wie „es fehlt". Eine andere Bezeichnung wäre einfach Mangel. (Duden 2003: 360) Ein einfaches Beispiel dafür wäre das Haushaltsdefizit. Das Defizit ist bei diesem Beispiel der Unterschied zwischen den Ausgaben und den Einnahmen. Im Falle des Demokratiedefizits ist es nicht mehr so einfach zu erklären, was es ist. Man könnte davon ausgehen, dass das Demokratiedefizit der Unterschied zwischen dem ‚Soll-' und dem ‚Ist- Zustand' ist. (Celiński, Artur …)

Wenn also das Volk über und für sich selbst herrschen soll, die Entscheidungen aber nicht auf das Volk zurückzuführen sind, muss man eben von einem Demokratiedefizit sprechen. (Januschkowetz, Elisabeth 2003:127f)

# 4 Das „Demokratiedefizit"

In der Präambel des Vertrages über die Europäische Union heißt es:

> „in Bestätigung ihres Bekenntnisses zu den Grundsätzen der Freiheit, der Demokratie und der Achtung der Menschenrechte und Grundfreiheiten und der Rechtsstaatlichkeit […] in dem Wunsch, Demokratie und Effizienz in der Arbeit der Organe weiter zu stärken, damit diese in die Lage versetzt werden, die ihnen übertragenen Aufgaben in einem einheitlichen institutionellen Rahmen besser wahrzunehmen" (Vertrag über die Europäische Union (EU), Präambel, http://www.bpb.de/wissen/1A0FCJ,0,0,Pr%E4ambel.html)

So erklärt sich die EU für Demokratie einzutreten. Das Demokratieprinzip soll für das gesamte Gemeinschaftsrecht grundlegend sein. Zu betonen ist, dass obgleich es nur in der Präambel erwähnt wird, das Demokratieprinzip bindend ist. Ferner wird die Demokratie als ein inneres Strukturprinzip verstanden. Demokratie soll außerdem durch die Arbeit der Organe ausgebaut werden, was dementsprechend als möglich erscheint. Frank Ronge (1998: 61-63) bezieht sich auf das Buch von Karl- Heinz Naßmacher „Demokratisierung der Europäischen Gemeinschaften" und bemerkt, dass der Ausbau demokratischer Strukturen immer noch verlangt wird. Der Ausbau der Demokratie sei nicht nur als eine Möglichkeit sondern mehr als eine Notwendigkeit anzusehen. Wenn etwas als notwendig gesehen wird, bedeutet das gleichzeitig dass, ein Mangel an etwas ausgemacht wurde. In diesem Fall geht es um den Mangel an Demokratie, also um das Demokratiedefizit.

Ronge zitiert auch sehr treffend die Worte von Naßmacher:

> „In Brüssel fallen Entscheidungen, die für demokratisch regierte Länder verbindlich sind, deren demokratische Legitimation sich aber auf Willenserklärungen der nationalen Regierungen beschränkt. Eine Versammlung von Abgeordneten der nationalen Parlamente führt zwar den Namen ‚Europäisches Parlament', hat aber im Entscheidungsprozeß bestenfalls beratenden Charakter. Die vertraglich vereinbarte Weiterentwicklung der rudimentären Ansätze eines parlamentarischen Systems der Gemeinschaft ist bislang nicht durchgeführt worden. Die darauf abzielende Forderung nach einer ‚Demokratisierung der Europäischen Gemeinschaft' wird von den engagierten Europäern seit Jahren erhoben." (Ronge, Frank 1998: 61)

Bedeutend in der Debatte um das Demokratiedefizit sind seit vielen Jahren die Rolle der nationalen Regierungen, die mangelnden Kompetenzen des Europäischen Parlaments und das Bedürfnis der Demokratisierung. (Ronge, Frank 1998: 61-63)

Das wesentliche Problem ist aber auch der so genannte „europäische *demos*". Die Analytiker fragen sich seit Jahren: „Gibt es ein europäisches Volk?" Rupert Scholz meint „Es gibt [...] keinen demokratiebegründenden Volkssouverän." (Scholz, Rupert 2008: 2) Gerd Strohmeier fügt weiter hinzu, dass es aber von dem Volk selbst abhängt, ob es sich integriert fühlt. Wichtig sei „gesellschaftliche Verbundenheit". Und wenn die Menschen nicht immer fähig sind, sich auf der nationalen Ebene zu integrieren, darf es auch keinen wundern, dass es schwierig ist, einen supranationalen *demos* zu schaffen. Den könnte es geben, wenn es auf der nationalen Ebene eine Identität und damit auch die Integration wäre. Diese funktionieren jedoch nicht ganz- Beispiele die ehemalige Tschechoslowakei oder Jugoslawien. Ohne *demos* kann es keine Demokratie geben. (Scholz, Rupert 2008: 27f) Voraussetzung für eine Volksherrschaft ist das Volk. Um Demokratie auf europäischer Ebene durchzusetzen braucht es einen europäischen Demos.

# 5 Beweise für die Existenz des Demokratiedefizites

Bemängelt wird vor allem die Entscheidungsstruktur der EU. Auf die größte Kritik stößt die Legitimation des Ministerrates, die aus den nationalen Regierungen resultiert. Diese werden zwar demokratisch gewählt, und sind somit auch demokratisch legitimiert. Das wesentliche Problem besteht darin, dass die Programminhalte der Parteien und Regierungen nationale und nicht europäische Themen beinhalten. Die nationalen Interessen weichen aber oft von denen der EU ab.

Das Demokratieprinzip beruht auch darauf, dass die Wähler das Recht haben, die Parteien bei den nächsten Wahlen abzuwählen, wenn sie mit ihrer Entscheidungen nicht zufrieden sind. Da im Ministerrat die Entscheidungen von den Vertretern mehrerer Staaten getroffen werden, haben die Wähler eines Staates eigentlich keine Möglichkeit, diesen entgegenzutreten, denn sie besitzen keine Macht, die Politiker aus einem anderen Staat abzuwählen.

Was das Europäische Parlament anbelangt, so ist festzustellen, dass es nur über sehr begrenzte Kompetenzen verfügt. Obwohl es von den Völkern der Mitgliedsländer gewählt wird, werden seine Interessen nicht genügend berücksichtigt. Andererseits braucht die EU europäische Parteien, damit die Parteien, die im EP vertreten sind, vor den Europawahlen ein europäisches Programm präsentieren können, und nicht das nationale. (Frembgen u.a. 2002: 1-2)

Interessant ist die Tatsache, dass das EP eine immer größere und wichtigere Rolle in der EU spielt. Obwohl sein Einfluss auf die Entscheidungsprozesse auch viel bedeutender geworden ist, wurde es was seine legislativen Kompetenzen angeht nicht selbständig. Deshalb kann man von einem Legitimationsdefizit sprechen, denn das einzige Organ, dass von den Völkern gewählt wird, ist nicht autonom ist. Denn über ihm steht noch der Ministerrat. Eine Folge davon kann die Tatsache sein, dass die

Bürger der EU dem Europäischen Parlament gegenüber immer skeptischer geworden sind. (Celiński, Artur 5-6)

Die Europäische Kommission ist eine Art Regierung der EU und die Minister müssen sich für ihre Fehler vor dem Parlament nicht entschuldigen. Sie verfügt zusammen mit dem Rat sowohl über die legislative als auch die exekutive Macht. Die Kommissare werden nicht von den Völkern gewählt, sondern von den Vertretern der nationalen Parlamenten, also den nationalen Regierungen. Allgemein wird der Kommission vorgeworfen, dass sie im Vergleich zum Europäischen Parlament über zu große Macht verfügt und dass sie eigentlich einen kleineren Einfluss ausüben sollte. (Büsch, Walter 2001, 1)

Rupert Scholz ist auch der Meinung, dass es kein einheitliches europäisches Staatsvolk gibt, was der Grund dafür ist, dass man nicht von „one man- one vote" sprechen kann. Das EP besteht aus Abgeordneten aus allen Mitgliedsländern- je nach Zugehörigkeit zu einer der sieben politischen Fraktionen. Die Zahl schwankt zwischen 5 Repräsentanten aus Malta und 99 deutschen Abgeordneten. Von „one man- one vote" kann man eigentlich nicht träumen, denn es fehlt dieses Staatsvolk, was auch Ursache für die fehlende Identität ist. Wie kann man aber von einer europäischen Identität sprechen, wenn in manchen Fällen- wie z.B. im früheren Jugoslawien oder der ehemaligen Tschechoslowakei- von der nationalen Identität ebenfalls keine Rede sein kann? Scholz sieht also eher eine Tendenz zur Desintegration als zur Integration. Das Wahlrecht müsste aber auch föderal gerecht sein, damit die kleineren Staaten genau so viel zu sagen haben, wie die größeren. (Scholz, Rupert 2007: 2-5)

Vaclav Klaus äußerte in einem Interview für die FAZ, dass sich Europa „von Demokratie und Freiheit löst". Weiterhin vertritt er die Ansicht, dass es nicht ausreicht, die Kompetenzen des EPs zu vergrößern, um das Defizit zu beheben. Eine demokratische Gesellschaft brauche einen Staat, der an viele Nationen gebunden ist, denn von einem reinen Nationalstaat in diesem Falle kann man nicht sprechen. (Interview mit Vaclav Klaus 2005, 1)

Auch Gerd Strohmeier bemerkt, dass das Hauptproblem des Legitimationsdefizites der fehlende *demos* sei. Das sei auch der Grund für die fehlende europäische Öffent-

11

lichkeit, bzw. „eine übernationale Diskursfähigkeit". Denn Parteien, Verbände, Bürgerbewegungen und Kommunikationsmedien fehlen. Pluralität, innere Repräsentativität, Freiheitlichkeit und Kompromissfähigkeit ebenso. Es gibt keine europäische Öffentlichkeit. Dies sei der Grund dafür, dass anstatt über europäischen Themen von den europäischen Medien in den europäischen Sprachen diskutiert wird, nationalen Themen und nationale Medien in den nationalen Sprachen die öffentlichen Diskurse beherrschen. (Strohmeier, Gerd 2007, 27f)

Diese Überlegungen führen dazu, dass man in dem Problem der fehlenden Demokratie noch das Identitäts- und Öffentlichkeitsdefizit miteinbeziehen muss. Das Identitätsdefizit wird vor allem durch eine fehlende gemeinsame Sprache, also einer fehlenden Kommunikationsgemeinschaft verursacht. Zweitens mangelt es an eine gemeinsame Erinnerungsgemeinschaft, denn jedes Land hat eine eigene Geschichte und außerdem resultiert die Interpretation der Gegenwart aus der Interpretation der Vergangenheit. (Becker/ Leiß 2005, 30-33)

# 6 Fazit/ Auswertung

Mit einfachen Worten gesagt, das Demokratiedefizit beruht unter anderem darauf, dass es in der Europäischen Union an der Demokratie, demokratisch treffenden Entscheidungen mangelt. Das Demokratieprinzip soll für das gesamte Gemeinschaftsrecht grundlegend sein- auf solche Versprechungen stößen wir schon in der Präambel des Vertrages über die EU.

Wenn man sich aber der Geschichte der EU anschaut, so kommt man zur Feststellung, dass die Quellen des Demokratiedefizites schon in der Entstehungsphase zu finden sind. Es fehlte eine europäische demokratische Legitimation, die über den Nationalstaat ausgehen würde. Die Ergebnisse seien wichtiger gewesen, als die Art und Weise, auf die sie zu Stande kamen. Die Strukturen der Europäischen Union sind heute wesentlich besser, als vor Jahren. Von der EU werden Transparenz, Effektivität und demokratische Kontrolle verlangt. Aber das Demokratiedefizit gilt für manche Analytiker immer noch als nicht beseitigt. Für andere existiert es überhaupt nicht. Dieses Problem, ob es vorhanden ist oder nicht, ist schwer zu lösen, denn die Frage nach der Form der Europäischen Union bleibt offen. Es wird immer noch darüber diskutiert, ob sie ein Superstaat, eine normale Institution oder ein Staatenbund ist.

Bemängelt wird vor allem die Entscheidungsstruktur der EU. Die Macht des Ministerrates ist zu groß, die Macht des Europäischen Parlaments dagegen zu gering. Obwohl eben das EP als einzige Institution der EU vom Volk gewählt wird, wird sie von dem Rat kontrolliert- dessen Entscheidungen nichtgenug legitim sind. Der Einfluss der Europäischen Kommission soll auch kleiner werden.

Weiter wird fehlendes europäisches Staatsvolk bemängelt und was daraus resultiert, es fehlt an der europäischen Integration. Die Europäer neigen eher zur Desintegration als zur Integration. Sie wollen sich mit der EU nicht identifizieren.

Von den Europäern wird auch kritisiert, dass die EU transparent nicht genug ist und dass es an einer übernationalen Diskursfähigkeit fehlt.

Man kommt zu den Schlussfolgerungen, dass es von dem Demokratiedefizit gesprochen werden muss, weil die Art und Weise, auf die es in der EU regiert wird, mit den

Voraussetzungen eines demokratischen Landes nicht übereinstimmt. Die Institutionen brauchen größere demokratische Legitimation. Die EU braucht außerdem ein europäisches Volk. Die europäische Integration fehlt. Ein Land, ein Verbund, dass aus demokratischen Ländern besteht, in dem es demokratisch regiert werden soll, braucht *demos*, also Volk.

Wichtig für die Zukunft der EU scheinen also nicht nur institutionelle Reformen zu sein. Wichtiger ist, dass sich zuerst die Europäer zusammen tun und sich integrieren, mit dem Europa identifizieren und damit das ermangelte *demos* schaffen.

# 7 Abstract

Podsumowując, deficyt demokracji polega między innymi na tym, że brakuje w Unii Europejskiej demokracji, decyzji podejmowanych w sposób zgodny z ideą demokracji- „władza ludu". Mimo, że zapewnienia o demokratycznym charakterze Unii Europejskiej spotkać można już w Przedmowie do Konstytucji UE.

Powracając do korzeni Unii Europejskiej od razu napotykamy się na deficyt demokratyczny. Efekty działań Unii zdawały się być ważniejsze, od metod działania. Struktury UE dzisiaj są o wiele lepsze, niż przed laty, gdy to powołano ją do życia, wymaga się od niej przejrzystości, efektywności i demokratycznej kontroli. To prowadzi do tego, iż o problemie deficytu rozmawia się od lat. Mimo to, nie znaleziono jeszcze sposobu, aby go zniwelować. Ciekawy jest fakt, że zdaniem niektórych analityków, deficyt ten wcale nie istnieje. Pogląd na ten temat zależy od sposobu postrzegania UE, ponieważ cały czas dyskutuje się o tym, czy jest ona superpaństwem, zwykłą organizacja czy tez związkiem państw.

Narzeka się na struktury UE, ponieważ uważa sie, że władza Parlamentu Europejskiego w porównaniu do władzy Rady Ministrów jest zbyt ograniczona. Parlament jest jedyną instytucją w UE, która jest wybierana przez lud, mimo to, podlega on kontroli Rady. Wpływ Komisji Europejskiej jest także za duży.

Nie można również mówić ani o europejskiej integracji ani o identyfikacji, ale o dezintegracji. Sposób działania Unii i jej struktury są również mało przejrzyste dla jej przeciętnego obywatela. Nie można tez mówić o swobodnej zdolności dyskutowania, prowadzenia rozmów miedzy państwami członkowskimi.

W związku z tym nasuwają sie wnioski, iż sposób, w jaki rządzi sie w Unii Europejskiej nie jest zgodny z założeniami demokracji. Instytucjom brak owej legitymizacji demokratycznej. Nie jest to jednak głównym problemem, gdyż największym zdaje się być w owej chwili niechęć Europejczyków do Unii, narastająca dezintegracja, zamiast poczucia więzi.

Ważne dla przyszłości Unii Europejskiej zdają się być nie tyle instytucjonalne reformy, co europejska integracja, identyfikacja z Europą, a co za tym idzie, stworzenie europejskiego *demos*.

# 8 Literaturverzeichnis

Auel, Katrin (2003): *Rationalisiertes Europa- Demokratisches Europa? Eine Untersuchung am Beispiel der europäischen Strukturpolitik*. Nomos Verlagsgesellschaft, Baden- Baden.

Becker, P., Leiße, O. (2005): *Die Zukunft Europas. Der Konvent zur Zukunft der Europäischen Union*. VS Verlag für Sozialwissenschaften, Wiesbaden.

Büsch, Walter (2001): „Die Europäische Union nach den Beschlüssen von Nizza Demokratie-Defizite der EU". In: *Schweizerzeit*. Nr. 16 vom 29. Juni 2001. http://www.schweizerzeit.ch/frame_archiv.htm Stand: 18.08.2008

Celiński, Artur (): Lex, -kracja i demos. Rzecz o deficycie demokracji w UE. www.knsp.uksw.edu.pl/artykuly/deficyt_ac.pdf (Stand: 11.08.2008)

Duden. *Deutsches Universalwörterbuch* (2003). Bibliographisches Institut & F.A. Brockhaus, Mannheim.

Follesdal, A., Hix, S. (2006): „Why there is a democratic deficit in the EU: A response to Majone and Moravcsik". In: JCMS2006 Volume 44, Number 3. 533-562

Frembgen, Ch./ Friedrich, E./ Holdau, S. (2001): „Das Demokratiedefizit". http://www.werner-knoben.de/rossleben2001/doku/kurs73web/node4.html Stand: 17.08.2008

Januschkowetz, Elisabeth Mag. Dr. (2003): *Das Demokratieproblem der Europäischen Union. Der Stufenbau der Staatsgewalt als Lösung*. Wien, 2003

Jäger, W., Jurt, J., Mangold, K. (Hrsg.)(2000): *Demokratische Legitimation in Europa, in den Nationalstaaten, in den Regionen*. Edition Isele, Eggingen.

Klaus, Katarzyna (2004): „Pojęcie i źródła deficytu demokracji w Unii Europejskiej." In: *Studia Europejskie* 2/2004: 53-70

Kohler ‚Berthold/ Schwarz, Karl-Peter (2005): „Eine Gefahr für Demokratie und Freiheit in Europa. Interview mit dem tschechischen Präsidenten Václav Klaus." In: *Schweizerzeit* Nr. 9, 22. April 2005. http://www.schweizerzeit.ch/0905/demokratie.htm Stand: 18.08.2008

Pfetsch, Frank R. (2007): *Das neue Europa*. VS Verlag für Sozialwissenschaften, Wiesbaden.

Scholz, Rupert Prof. Dr. (2008) *Demokratiedefizit in der EU?* HANS MARTIN SCHLEYER STIFTUNG VIII. Interdisziplinärer Kongress JUNGE WISSEN-SCHAFT UND EUROPA „Lissabon-Vertrag: Sind die Weichen richtig gestellt? Recht und Politik der Europäischen Union als Voraussetzung für wirtschaftli-che Dynamik" http://www.schleyer-stiftung.de/Scholz%20Vortrag.pdf (Stand: 11.08.2008)

Strohmeier, Gerd (2007): „Die EU zwischen Legitimität und Effektivität". In: *Aus Politik und Zeitgeschichte* 10/2007: 24-30.

Vertrag über die Europäische Union (EU), Präambel http://www.bpb.de/wissen/1A0FCJ,0,0,Pr%E4ambel.html (Stand: 13.08.2008)

Lightning Source UK Ltd.
Milton Keynes UK
UKRC010037191218
334235UK00001B/4